Quo Vadis?

croquis de Scène et de coulisses

par

P. C. Delaroche

Préface de

Gustave Kahn

Louis Geisler
Éditeur

QUO VADIS ?

Il a été tiré de cet ouvrage :

10 Exemplaires sur papier japon, numérotés de 1 à 10.

190 Exemplaires sur papier mat à estampe, numérotés de 11 à 200.

N°

QUO VADIS ?

Opéra en 5 Actes et 7 Tableaux

CROQUIS DE SCÈNE

ET DE COULISSES

QUO VADIS ?

Il semble à mille efforts curieux, divers, variés, que l'on songe maintenant à conserver le plus possible de souvenirs précis des belles représentations dramatiques. Quand on songe aux quelques rares estampes qui nous ont conservé le souvenir des belles fêtes du vieil Opéra alors que fleurirent Rameau et Gluck, à l'ignorance où nous sommes de l'aspect de la salle, de la scène, des silhouettes vraies d'une représentation molièresque ou racinienne, le jour de la première, on est confondu de voir que nous ignorons tout de la première du *Tartufe*, tandis que nous savons tout, qu'on saura tout dans les plus lointaines Amériques et les circonscriptions de France les plus reculées de n'importe quelle première du Déjazet. Et que faire à cette disproportion de renseignements! Ne point se perdre en vains regrets et amasser sur le présent des documents pour la postérité.

Ah! qu'il est loin le temps où un père pouvait dire à son fils: « On ne sait plus ce que c'est que la gaîté au théâtre : si tu avais entendu Hyacinthe ou Grassot! Et le chant! Si tu avais entendu l'Alboni! Rien dans le moderne ne vaut ces anciens artistes ! »

Dans l'avenir le fils, au lieu d'accepter ingénument l'opinion paternelle, ou de la combattre au hasard et par amour-propre de jeune homme, ce fils dira scientifiquement : « Eh bien, voyons, consultons les documents, reportons-nous aux sources ! » et du geste d'un historien atteignant aux rayons de sa bibliothèque la Patrologie ou les Mémoires relatifs à l'histoire de France, il attrapera des collections de revues théâtrales et dira : « Voilà pour la beauté ! », des disques de phonographe et dira : « Voilà pour la voix ! », et l'on comparera les beautés plastiques et les magnifiques accents disparus, disparus à la fois et conservés. L'érudition en matière de beauté et de charme dramatique peut désormais avoir lieu.

* * *

Rien de plus juste d'ailleurs que cet effort pour conserver le souvenir d'une soirée de beauté. Il s'y fait un tel effort et si méritoire et si généreux, un effort dans lequel il entre toujours un peu de désintéressement.

Tout le monde travaille pour être prêt, beau ou utile. Un Stendahlien évidemment nierait ce désintéressement et de cette promptitude, de cette discipline, de ce dévouement, de cet esprit de sacrifice qui fond des unités tumultueuses en un harmonieux ensemble, il ferait honneur à l'ambition, à l'émulation excessive et jalouse, à l'orgueil d'être bien et de paraître mieux, qui fait, d'après les penseurs chagrins le fond des gens de théâtre y compris les Malibran et les Rachel et les grands directeurs, et les poètes, et les musiciens, et les décorateurs, tous enflammés de désir de gloriole, tandis que les machinistes et les électriciens calculent froidement les tarifs et agitent des pensées de grève.

Mais même ces émulations profondes et ces vanités énormes sont des éléments d'art. Et de quelque mélange de sentiments, y compris l'amour du lucre que procèdent les féeries du théâtre, les résultats éclatants qui constituent une représentation, cette représentation offre un magnifique spectacle d'activité humaine, surtout lorsqu'il s'agit d'un drame lyrique, surtout lorsque ce drame lyrique s'appelle *Quo Vadis*, qu'autour de héros multiples il agite des peuples, des sectes, des douleurs, des danses, qu'il évoque en passant cette immense présence : Rome, cet immense souvenir : l'incendie de Rome, ce tumulte ordonné : l'amphithéâtre, les jeux, ce drame multiple : la lutte du paganisme et du christianisme et ces drames passionnels si célèbres, que le livre à force d'être célèbre a fait si difficile à figurer sur la scène puisque tout le monde s'en est fait une idée personnelle, les amours de Vinicius et de Lygie, l'amour d'Eunice. Il serait triste que tant d'efforts, que ces mêlées ordonnées de trois cents personnes sur une scène, ne laissassent point de souvenirs précis, complets, suivis, aussi drus qu'un commentaire permanent.

Souvent ces souvenirs de belles représentations que l'état de la science nous permet de garder, sont un peu froids. La photographie intervient en souveraine, le plus souvent en souveraine absolue. On y perd force détails, on y perd du naturel, et le photographe ne prend qu'un aspect. Il ignore les profils variés d'un ballet,

Il donne des minutes, sans liaison entre elles. Heureusement que parfois l'artiste s'occupe aussi de fixer tout ce mouvement diapré et lumineux.

Le crayon du dessinateur ne note pas tout, mais il note bien des choses.

M. Delaroche, le jeune peintre de talent qui a réussi dans cette jolie ambition, de noter tout le détail de *Quo Vadis*, a tout regardé, tout dessiné. Il a vu la scène de tous les points de la salle, il a aussi regardé la salle.

Il a crayonné lestement des impressions de spectateurs et leurs effrois alors que Chilon est précipité dans l'arène et qu'on lui arrache la langue. Il a surtout suivi les ensembles choraux, et les a modelés du balcon, du cintre, du côté cour, du côté jardin. Il a épié la danseuse et a rapporté des inflexions diverses et harmonieuses des belles ballerines qui nous donnent une si jolie idée du corps de ballet de Néron. Il a placé dans son œuvre d'excellents portraits bien posés et il a fixé des allures d'une demi-seconde. Son recueil lui fait beaucoup d'honneur et traduit avec talent toute la plastique de *Quo Vadis*.

Gustave KAHN

AUTEURS

ET COLLABORATEURS

M. JEAN NOUGUÈS.
Auteur de la musique de *Quo Vadis*

M. HENRYK SIENKIEWICZ.
Auteur du roman de *Quo Vadis*.

M. BRONISLAS KOZAKIEWICZ.
Traducteur du roman

M. HENRI CAIN.

Auteur du poème, croque pendant le travail dramatique

Les frères ISOLA.
Directeurs du Théâtre Lyrique de la Gaîté

M. GABRIEL ASTRUC.
Éditeur de la partition

M. MAURICE LEFÈVRE.
Secrétaire-général.

M. DE LAGOANÈRE.
Administrateur général.

M. LABIS.
Régisseur-Général.
Dirigeant le combat de l'Aurochs.

M. AMALOU.
Chef d'Orchestre.

M. FREY.
Auteur
des décors lumineux.

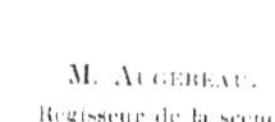

M. AUGEREAU.
Régisseur de la scène.

M. GOBEREAU.
[illegible]

M. SIDEBOURG.
Chef machiniste.

[illegible]
[illegible]

LES INTERPRÈTES

Mᵐᵉ MARIE LAFARGUE
(Lygie).

M⸱⸱⸱ VALLANDRI.
(l...........)

Mlle Henriette Focké.
(Poppée)

Mme CÉCILE THÉVENET
de l'Opéra

Mˡˡᵉ Natacha Trouhanowa.
Bacchanale et danses syriaques.

Mᵉ Natacha Trouhanowa.

M. CASTEL.
(lithographie.)

Mme LOWELL.
(buste.)

Mᵐᵉ PELTIER-PRUDHOMME.
(Myriam).

Mˡˡᵉ CAPELL.
(Nazaire).

M... A...
(Judith).

M... KERJEAN.
jeune fille.

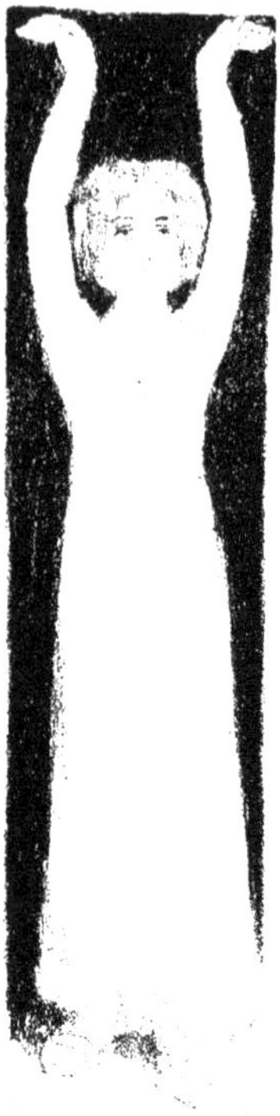

M... RELLY.

Mlle OLGA ELISON.
jeune fille.

M... BOULANGER.

M... CORNELIA.

M. Jean Perdrix

M. Séverac.
(Pétrone).

M. Marvini.
(Pierre).

M. Coquet.
(Narcisse).

M. MARTINELLI.
(Nerone)

M. FÉRAUD DE St-POL.
(Chilon)

M. DELPANY.
(Pierre).

M. GRANIÉ.
(Vincent).

M. GENIOL.
(Vincent).

M. AUBRON.
(Ligellin)
M. ALBERT.
(Demas)
M. GERMAY.
(Vitellius).
M. BAILLY.
(Nerva).
M. FRISON.
(Le Centurion).
M. SAMROY.
M. PONZIO.
(Spartus).

LOUIS AVELINE
(Pytagores)

M. PRUDHOMME.
(Un vieux beau).
M. WAGNER.
M. FOURNIER.
(Mirmillon)
M. BENARD.
(Un Augustan)
M. MALPAS.
(Jeune chrétienne)
M. DESBAIS
(Valérius)

CROQUIS DE SCÈNE

PAR ACTE

Eunice, Iras — *Aimez demain, cœurs amoureux.*

Chilon, le philosophe

Vinicius — *Vois mes genoux, ils ne tremblaient pas devant les Parthes.*

Petrone   *Tu as donc un amant te*

Chilon   *Digne, digne Seigneur !*

Le baiser d'Eunice

Pétrone   *Donnes-moi les soldats,*
           et les aigles romaines

Néron   *Nid de mes pères,*
berceau si cher à mon âme.

Néron   *Dis-moi les prétendues?*

... qui gouverne le monde

Lygie — Il condamne la débauche et l'ivresse

La figuration. — Une table de la popine.

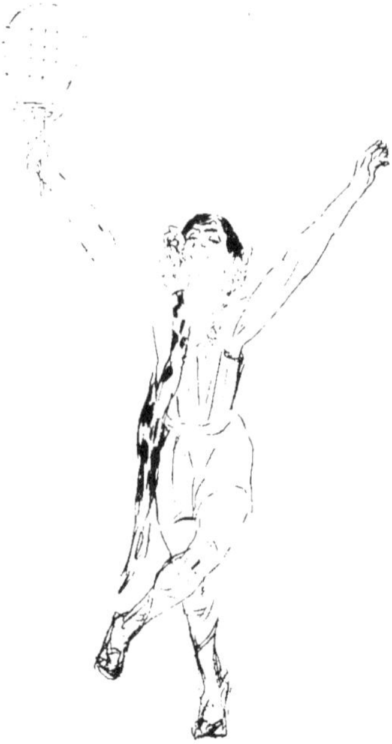

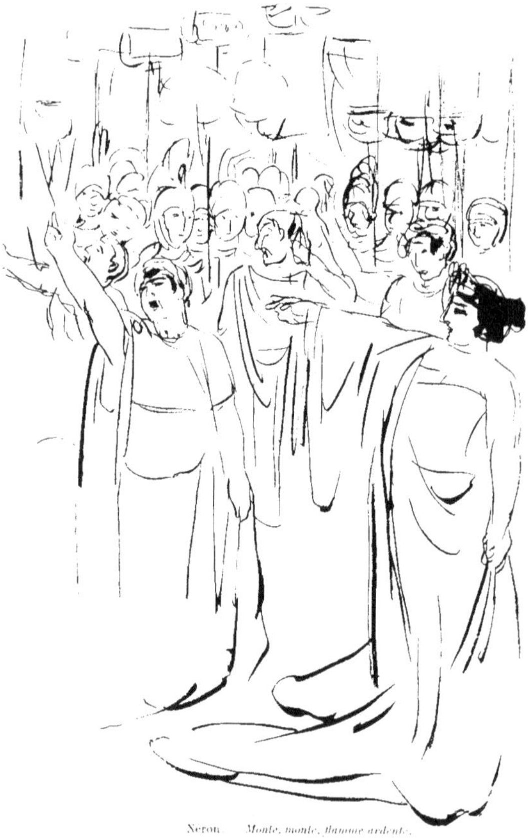

Neron. — Monte, monte, flamme ardente.

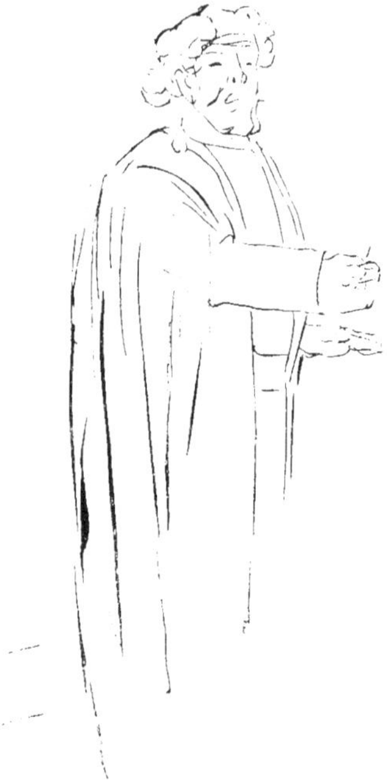

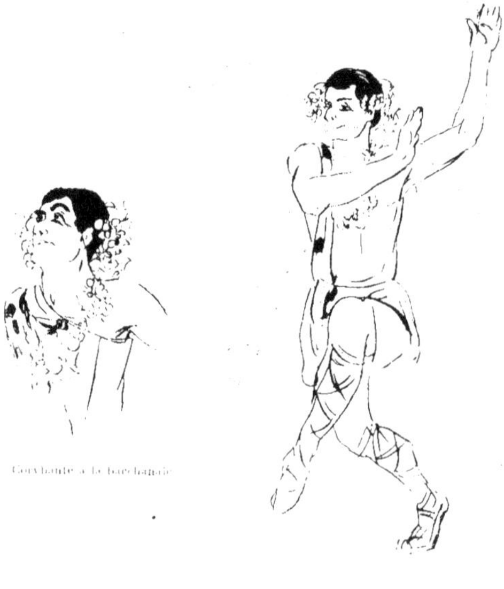

Corybante à la bacchanale.

Le signe

Chilon — La paix soit avec toi, mon frère

Lygie — Voyez, sur le fleuve
là-bas, cette barque

Demas — J'ai vu le signe et suis
venu vers toi

Un vieillard est debout, auréolé par le couchant

L'apôtre attendant le passeur

Sporus. — *Quoi de nouveau, Chilon?*

La popine de Sporus.

Pierre — *Un homme venait vers moi dans la clarté du soleil.*

Rome n'existe plus, ni César, ni les Dieux

Oui! le Seigneur ne permet pas que je vous abandonne...

Je l'ai vu? Jésus ressuscité

Pierre.   On n'entendait au loin que le flutiau du berger trillant dans le silence.

ACTE III
Ursus.
Lycus — Père, je te dirai ce qui fait ma souffrance...
Crolon le gladiateur
Pierre — Souvenirs de la Magdalena
L'augustan m'a promis trois sacs pleins d'aureus

Pierre — *Sur ses pas, les plantes se courbaient* (pris de la coulisse de gauche)

Apparition du Christ ressuscité (pris de la coulisse de droite)

Elle est là qui sommeille... (vu par le trou du projecteur côté jardin)
Est-ce toi, Ursus?
Vinicius. Les gardiens sont complices...
Lygie. Le Christ...

Que caches-tu là?
Dieu nous abandonne
Myriam.
Aie pitié de nous, Seigneur!

ACTE IV
Le chœur des Chrétiens
Sous glaette, Scène II
Chœur dans la coulisse.
Pierre —

La loge impériale. Vue par un trou du décor.
Néron. — Peuple romain, j'ai tenu à t'offrir ce ce jour

Léon : le gladiateur

SPQR

Néron — Arrachez-lui la langue

La mort de Chilon. (Vue de la scène.)

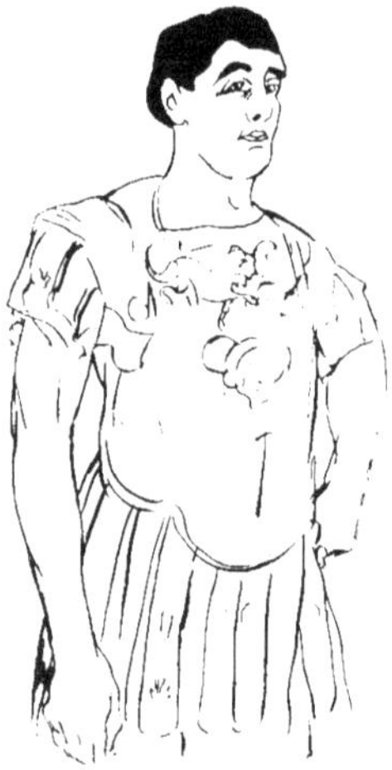

Tigellin

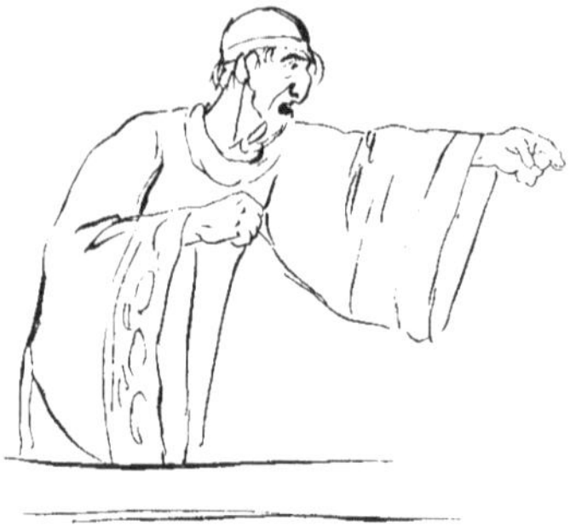

Le coupable, l'incendiaire, c'est lui

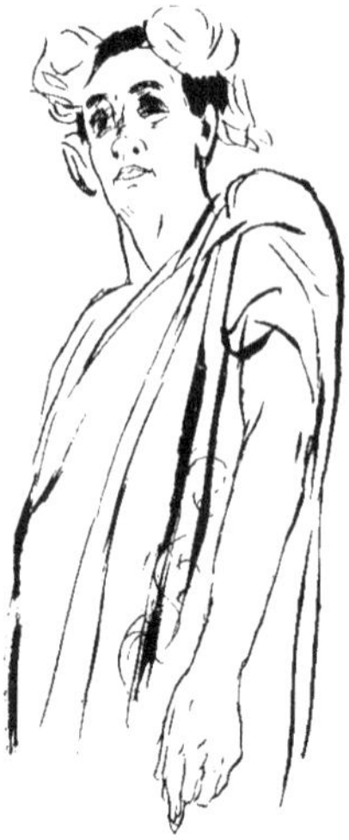

Vitellius.

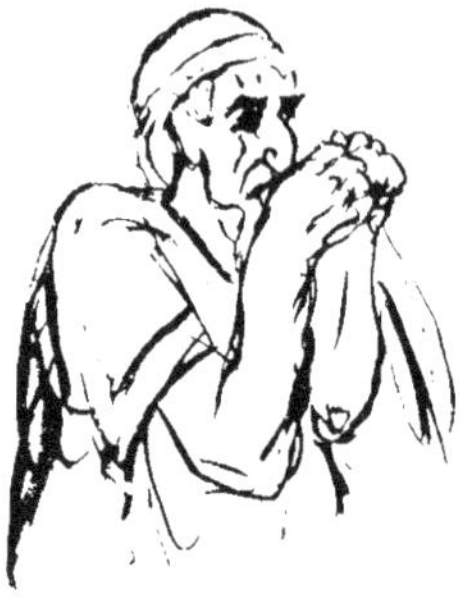

[illegible]

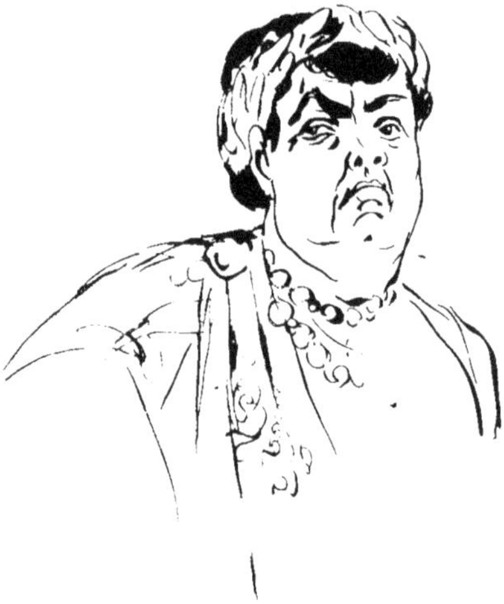

L'Empereur

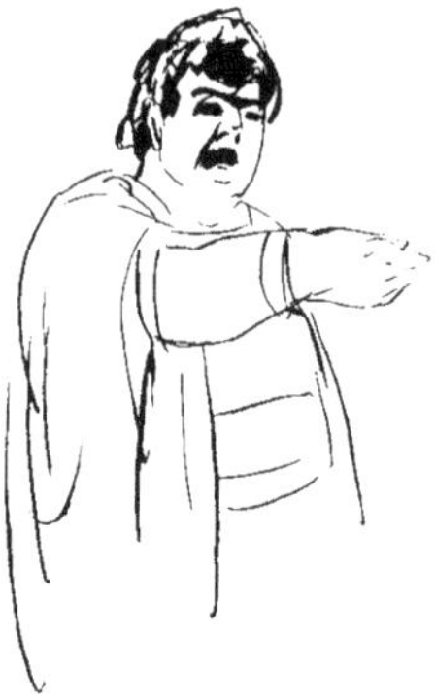

Aux bêtes les chrétiens,
ouvrez les vivarias.

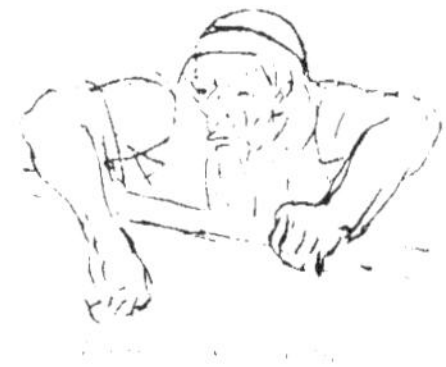

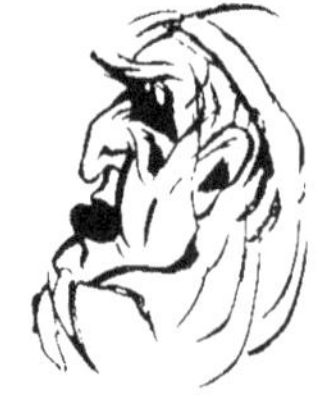

[illegible]

Tous ces corps entassés devant moi...

Notations avant la mort de Chilon

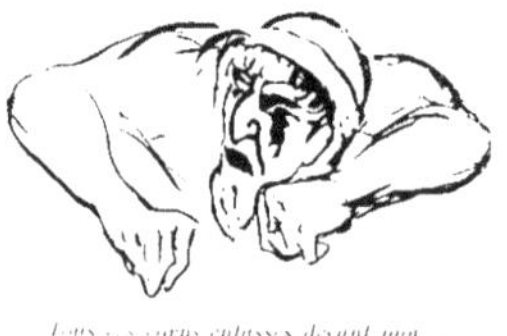

La figuration. — Les prétoriens.

La figuration au cirque. — Prétorien attendant le massacre des chrétiens.

La figuration. — Vestales, gladiateur, danseurs, prétoriens, esclave thrace

Pétrone — La lettre à Néron: *La vie est un trésor, dont j'ai tiré les bijoux les plus rares*

Eunice

Pétrone — *Le Dieu qu'ils aiment? je ne le connais pas*

Pétrone — *Tu n'es plus mon esclave*

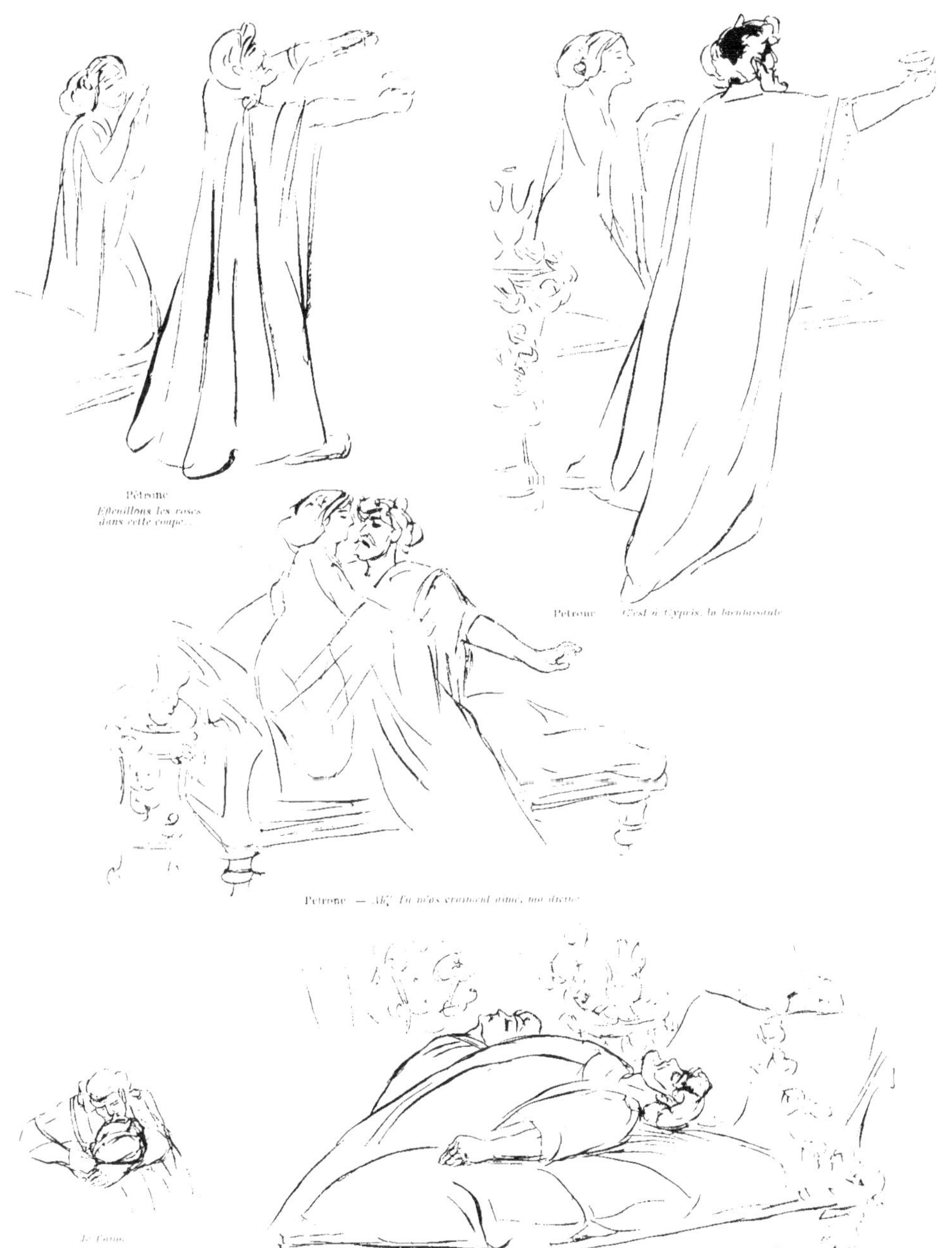

Pétrone
Effeuillons les roses
dans cette coupe...
Pétrone   C'est à Cypris, la bienfaisante
Pétrone — Ah! Tu m'as vraiment aimé, ma chère
Le Poète

Les prétoriens à la mort de Pétrone.

Saïd-Ali, sultan de la Grande-Comorre, à une représentation de *Quo Vadis?*

Typographie L. GEISLER
[...], par Rozé-Laupe-Ampère
PARIS [...], rue de la Rochefoucauld